ANALISI DEL LIBRO

AF142104

Cronaca di una morte annunciata

· · · · · · · · · · · · · · · · · · · ·

GABRIEL GARCÍA MÁRQUEZ

ANALISI DEL LIBRO

Scritto da Natalia Torres Behar
Tradotto da Sara Rossi

Cronaca di una morte annunciata

GABRIEL GARCÍA MÁRQUEZ

GABRIEL GARCÍA MÁRQUEZ

ROMANZIERE, SCRITTORE DI RACCONTI, GIORNALISTA E SCENEGGIATORE COLOMBIANO

- **Nato ad Aracataca (Colombia) nel 1927**
- **È morto a Città del Messico nel 2014**
- **Premi letterari:**
  - Premio Rómulo Gallegos, 1972 (per *Cento anni di solitudine*)
  - Premio Nobel per la letteratura, 1982
- **Onorificenze di rilievo:**
  - Dottorato onorario in lettere della Columbia University
- **Opere degne di nota:**
  - *Nessuno scrive al colonnello* (1961), novella
  - *Cento anni di solitudine* (1967), romanzo
  - *L'amore ai tempi del colera* (1985), romanzo

Gabriel García Márquez è nato nel 1927 nella remota e povera città di Aracataca, nel nord della Colombia. Le sue principali influenze letterarie furono lo scrittore americano William Faulkner (1897-1962) e i suoi nonni e zie materni, con i quali crebbe. Il nonno, che aveva combattuto nella Guerra dei Mille

Giorni (1899-1902), gli servì da legame con la storia del suo Paese, mentre la nonna gli insegnò a vedere la realtà attraverso la lente della magia e della superstizione.

García Márquez obbedì alla volontà del padre studiando legge all'Università Nazionale della Colombia, ma la sua vera passione fu sempre la scrittura. Nel 1950 abbandonò gli studi giuridici e iniziò a lavorare come giornalista. Il giornalismo completa la sua carriera letteraria, lo mette in contatto con altri scrittori e giornalisti, come i membri del Gruppo di Barranquilla (così chiamato perché si riuniva nell'omonima città colombiana), e lo porta a fare un lungo viaggio a Parigi, dove incontra scrittori come Mario Vargas Llosa (scrittore peruviano e premio Nobel, nato nel 1936) e Julio Cortázar (scrittore argentino, 1914-1984). Vargas Llosa e Cortázar sono stati membri chiave del Boom latinoamericano, un movimento letterario emerso negli anni Sessanta che ha fatto conoscere al mondo l'opera di alcuni dei più importanti scrittori del continente.

Il romanzo più noto di García Márquez, *Cento anni di solitudine*, fu pubblicato nel 1967, vendette 8000 copie in una sola settimana e lo catapultò a una fama mondiale. Nel 1982 gli fu conferito il Premio Nobel per la Letteratura per una carriera letteraria durata quasi 50 anni, dalla novella *Tempesta di foglie* del 1955 alla sua ultima opera, *Ricordi delle mie puttane malinconiche*, del 2004. Un lungo periodo di declino della salute è iniziato nel 1999, quando gli è stato diagnosticato un cancro linfatico. È morto il 17 aprile 2014 a Città del Messico.

CRONACA DI UNA MORTE ANNUNCIATA

UN MIX DI GIORNALISMO E LETTERATURA

- **Genere:** romanzo pseudo-giornalistico

- **Edizione di riferimento:** García Márquez, G. (2014) *Cronaca di una morte annunciata*. Trans. Rabassa, G. London: Penguin.

- **1ª edizione:** 1981

- **Temi:** destino, tragedia, onore, vendetta, violenza, verità

Come suggerisce il titolo, il finale della novella *Cronaca di una morte annunciata* viene svelato nella prima pagina. Il lettore scopre immediatamente che il protagonista, Santiago Nasar, sarà ucciso da Pablo e Pedro Vicario nel tentativo di difendere l'onore della sorella Ángela, che il giorno prima ha sposato il misterioso Bayardo San Román, un nuovo arrivato in città. La prima notte di nozze Bayardo scopre che Ángela non è vergine e la rimanda a casa, dove lei cede alle pressioni della madre e ammette di aver perso la verginità con Santiago Nasar. I fratelli Pablo e Pedro si sentono allora obbligati a difendere l'onore della famiglia e decidono di uccidere Santiago.

Quasi tutti gli abitanti del paese sanno che i due fratelli stanno cercando Santiago per ucciderlo, ma ognuno ha le sue ragioni per non avvertirlo e, dopo una serie di coincidenze, viene pugnalato a morte davanti a casa sua. Anni dopo, il narratore indaga sugli eventi di quel giorno fatale nel tentativo di scoprire esattamente come si è svolta la tragedia.

SINTESI

Il narratore in prima persona di *Cronaca di una morte annunciata* è un amico di Santiago Nasar che si è assunto il compito di mettere insieme i pezzi della sua storia. Anni dopo l'omicidio dell'amico, decide di tornare in città per indagare sull'accaduto, parlando con i testimoni, leggendo rapporti, lettere e resoconti e ricostruendo gli eventi di quel tragico giorno di febbraio. La novella si compone di diversi filoni interconnessi: gli eventi del giorno dell'omicidio, il rapporto del giudice con le dichiarazioni dei testimoni rilasciate pochi giorni dopo l'omicidio, le interviste del narratore con i testimoni e i partecipanti oltre 20 anni dopo l'accaduto. È un testo polifonico, con più voci e prospettive che spesso si contraddicono l'una con l'altra, mentre il narratore cerca di raccogliere le informazioni necessarie per ricostruire gli eventi del giorno dell'omicidio.

LA NOTTE PRIMA DELL'OMICIDIO

Santiago Nasar ha 21 anni e vive in una città senza nome sulla costa colombiana. Gestisce il ranch di famiglia e, come la maggior parte degli uomini della sua età, passa il tempo libero uscendo con gli amici, bevendo molto, andando alle feste, incontrando donne e, occasionalmente, frequentando prostitute. È fidanzato con la sua fidanzata di lunga data Flora Miguel, ma da tempo è innamorato di un'altra donna.

La notte prima di essere assassinato, rimase a festeggiare fino alle 4 del mattino con i suoi amici, il narratore e Cristo

Bedoya. Erano al matrimonio di Ángela Vicario e Bayardo San Román, un'enorme festa a cui erano invitati tutti gli abitanti della città. Il corteggiamento della coppia è stato breve e sono stati fidanzati solo per quattro mesi, perché Bayardo voleva sposarsi in fretta. Il narratore dice che Bayardo credeva che il denaro potesse comprare la felicità, e per questo aveva organizzato una grande festa per celebrare il suo matrimonio. Gli piace parlare di soldi e si compiace quando Santiago e i suoi amici passano la serata a speculare su quanto sarebbe potuto costare il matrimonio.

Santiago si alza alle cinque e mezza del mattino seguente, stanco e con i postumi della sbornia, e si reca al porto come tutti gli altri abitanti della città per vedere il vescovo, che si dice stia per sbarcare dalla sua barca ufficiale per salutare i fedeli e benedire i malati. Non sa che gli restano meno di due ore di vita. Si veste in modo più elegante del solito per una giornata al ranch, beve una tazza di caffè forte e, cosa insolita per lui, esce dalla porta principale. Fuori casa incontra Cristo Bodeya, con il quale parla degli eventi della notte precedente e del costo del matrimonio. Margot, la sorella del narratore, lo invita a fare colazione con loro. Molti abitanti del paese sanno che i fratelli Vicario lo stanno cercando per ucciderlo, ma non dicono nulla quando lo vedono chiacchierare con i suoi amici e conoscenti con il suo solito atteggiamento calmo e allegro fuori da casa sua, perché pensano che qualcun altro lo abbia già avvertito. Nel frattempo, come di consueto, il vescovo saluta e benedice i fedeli dalla sua barca, che non smette nemmeno di muoversi.

IL GIORNO DELL'OMICIDIO

Durante i festeggiamenti del matrimonio, gli sposi si ritirano nella magnifica villa antica che Bayardo ha acquistato dal vedovo Xius. È la casa più bella e meglio posizionata della città. Tuttavia, alle 3 del mattino Bayardo riporta Ángela di nascosto a casa della sua famiglia, sostenendo che il matrimonio deve essere annullato perché lei non è vergine. Quando la madre lo viene a sapere, va su tutte le furie e picchia Ángela, prima di raccontare l'accaduto ai suoi due fratelli, Pedro e Pablo. Questi ultimi ritengono di dover ripristinare l'onore della famiglia uccidendo Santiago Nasar.

Mentre i fratelli cercano le armi per uccidere Santiago, raccontano a molti curiosi i loro piani prima di sedersi in attesa in un negozio vicino a casa sua. L'attesa è lunga, perché Santiago appare solo poche ore dopo, di ritorno dall'incontro con il vescovo. I fratelli lo pugnalano a morte davanti a casa sua, senza cercare di nascondere le loro azioni agli altri abitanti del paese. Vengono quindi arrestati e interrogati, mentre il resto della famiglia Vicario decide di fuggire in un'altra città.

27 ANNI DOPO

Il lettore viene a conoscenza dell'omicidio di Santiago 27 anni dopo il suo svolgimento, quando il narratore decide di tornare in città per indagare e intervistare i testimoni al fine di ricostruire gli eventi di quel giorno. Parla con sua madre, con la madre di Santiago, con le persone che hanno visto Santiago camminare con Cristo Bedoya, con la governante della famiglia e con sua figlia, e con Ángela Vicario, che è fuggita dalla città dopo l'omicidio e non è ancora tornata.

Questo spiega perché la storia viene descritta come una "cronaca": il narratore adotta un approccio giornalistico, intervistando tutti coloro che sono a conoscenza dell'omicidio, cercando risposte alle domande su chi, come, dove e perché, e registrando le diverse versioni dei testimoni sull'evento. Gli viene detto che si è trattato di una serie di sfortunate coincidenze, che le persone avrebbero potuto avvertire Santiago ma hanno scelto di non farlo, che lui doveva sapere cosa sarebbe successo, che le persone non avrebbero potuto agire diversamente, e così via. Questo coro di voci ci dà una comprensione più chiara degli eventi di quel giorno, ma non può rispondere alla domanda al centro dell'omicidio, ovvero se Santiago abbia o meno preso la verginità di Ángela, dal momento che tutti in paese sostengono che i due si erano a malapena parlati e che Santiago pensava che lei fosse lenta. L'unica cosa veramente certa è che Santiago Nasar è morto.

STUDIO DEL CARATTERE

SANTIAGO NASAR

Santiago Nasar ha 21 anni ed è figlio unico. Di natura è allegro e pacifico e sembra sempre felice. Per quanto riguarda l'aspetto fisico, è magro e pallido, e ha ereditato alcuni tratti arabi dal padre Ibrahim, morto tre anni prima. Ibrahim gli ha insegnato a sparare (anche se nessuno li ha mai visti portare armi in giro per la città), gli ha inculcato l'amore per i cavalli e il senso del coraggio e della prudenza, e gli ha insegnato l'arabo, la lingua che i due usavano per parlare tra loro. Santiago ha preso in mano la gestione di The Divine Face, l'allevamento di bestiame ereditato dal padre, subito dopo aver lasciato la scuola.

Si innamora facilmente e a dicembre dovrebbe sposare la sua fidanzata di lunga data, ma tutti i suoi amici sanno che fin dall'adolescenza è innamorato di María Alejandrina Cervantes, una prostituta locale che il padre gli ha proibito di frequentare. Inoltre, coglie ogni occasione possibile per flirtare con Divina Flor, la figlia della cuoca della famiglia Nasar, Victoria Guzmán, che non gli è mai piaciuta.

PABLO E PEDRO VICARIO

Pablo e Pedro sono due gemelli identici di 24 anni. Sembrano un po' rozzi, ma in fondo non sono persone cattive. Anche se si assomigliano, hanno personalità diverse: Pablo, più grande del fratello di sei minuti, è determinato e creativo fin dall'adolescenza, mentre Pedro ha una vena autoritaria che si è accentuata dopo il servizio militare. È lui a decidere che Santiago deve morire e, come sempre, il fratello segue il suo esempio.

Allevano e uccidono maiali e intendono usare gli stessi coltelli per uccidere Santiago. Si sentono obbligati a ucciderlo per difendere l'onore della loro famiglia, ma molti testimoni dicono che non sembravano volerlo fare. Santiago aveva una buona reputazione, per cui nessuno credeva che avrebbero portato a termine l'omicidio.

ÁNGELA VICARIO

Ángela è una giovane e bella donna di famiglia povera. Come le sue due sorelle, è stata educata dalla madre, Purísima del Carmen, a trovare un buon marito. Sebbene sappia fare tutto ciò che ci si aspetta da una buona moglie (cucire, ricamare, lavare, stirare, cucinare e così via), il narratore sostiene che la sua "pochezza d'animo" potrebbe ostacolare la ricerca di un buon partito. Santiago la chiama addirittura "la nullità". Per questo motivo, la famiglia è entusiasta quando Bayardo San Román decide di sposarla e considera l'unione come un dono del destino, anche se ad Ángela non piace il suo futuro marito e il fatto che sia molto più vecchio di lei. Quando Ángela dice alla madre che non vuole sposare Bayardo perché non lo ama, Purísima le dice che l'amore è una delle tante cose che si possono imparare. Tuttavia, questo non è l'unico problema che si frappone al matrimonio: come Ángela ha già detto ad alcune amiche, non è vergine. Le assicurano che ci sono modi per fingere che sia ancora vergine, in modo che le lenzuola macchiate possano essere esposte la mattina dopo e l'onore della famiglia rimanga intatto.

Il narratore è il cugino di Ángela. Quando va a trovarla, molti anni dopo l'omicidio, è una donna di mezza età con un buon senso dell'umorismo, che non cerca più di nascondere il suo passato, ma se ne è fatta una ragione e ne parla a chiunque la ascolti. Tuttavia, non ha mai detto a nessuno chi le ha davvero tolto la verginità, poiché nessuno crede che sia stato Santiago Nasar. Dopo la fine del suo breve matrimonio, si è resa conto di amare Bayardo San Román e ha passato 20 anni a scrivergli lettere per implorarlo di riprenderla.

BAYARDO SAN ROMÁN

Il 30enne Bayardo è figlio del famoso generale conservatore Petronio San Román e di una donna mulatta di Curaçao, Alberta Simonds, e ha due sorelle. È un uomo affascinante e bello, con un buon fisico, occhi dorati e pelle abbronzata, ed è sempre vestito alla moda e con ostentazione. Alcuni lo considerano semplicemente eccentrico, mentre altri pensano che sia gay. Nessuno sa perché sia venuto in città, ma quando è arrivato ha "fatto capire" di essere un ingegnere ferroviario. È molto preparato, sa come riparare le linee del telegrafo, può curare i malati ed è il miglior nuotatore che la città abbia mai visto. È un milionario e organizza feste sfrenate e ben frequentate dai cittadini, e anche quando ha bevuto non tende a fare a botte. È onorevole, di buon cuore e cristiano, ma non parla molto dei suoi pensieri e dei suoi sentimenti e il narratore pensa che nel profondo sia infelice.

Dopo l'omicidio, tutti si dimenticano di lui per qualche giorno. Non vuole essere disturbato e chiede di essere lasciato solo nella villa che ha appena comprato. Tuttavia, fa uso di alcol per affogare i suoi dispiaceri e la madre e le sorelle sono preoccupate per lui, così lo vanno a cercare. Gli abitanti della città lo considerano l'unica vera vittima dell'omicidio, poiché tutti gli altri hanno semplicemente recitato la parte che dovevano recitare.

PLÁCIDA LINERO

È la madre di Santiago e ha avuto un infelice matrimonio di convenienza con Ibrahim Nasar. Vive con il figlio in un ex magazzino che il marito ha trasformato in casa, e chiude sempre la porta a chiave. Non si lascia scuotere facilmente e rimane impassibile quando scopre che i fratelli Vicario hanno intenzione di uccidere suo figlio. Sa interpretare i sogni e non può perdonarsi di non aver identificato gli alberi apparsi nei sogni di Santiago come un cattivo presagio.

CRISTÓBAL BEDOYA

Tutti lo chiamano Cristo. È molto amico di Santiago e del narratore e i tre uomini escono spesso a bere insieme. È ancora convinto che, se avesse dormito a casa dei genitori anziché dei nonni la notte del matrimonio, avrebbe saputo del piano di omicidio del suo amico e avrebbe potuto avvertirlo. In seguito è diventato chirurgo.

Ha trascorso con lui la mattina dell'omicidio di Santiago, chiacchierando fuori casa sua e scherzando per strada. Pochi minuti prima dell'attentato, scopre da un negoziante che i fratelli stanno pianificando l'uccisione di Santiago, ma quando si volta per avvertire l'amico, questi non si trova da nessuna parte. Cristo lo cerca ovunque, andando a casa sua e svegliando persino sua madre, ma senza successo. Decide allora di tornare a casa sua, dove Santiago aveva detto che avrebbe fatto colazione. Nel frattempo, il suo amico viene assassinato.

VICTORIA GUZMÁN E DIVINA FLOR

Victoria Guzmán, la cuoca della famiglia Nasar, è stata in passato l'amante di Ibrahim da cui ha avuto un figlio. Non le piace Santiago e sta costantemente in guardia nel caso in cui lui faccia qualcosa alla sua bella figlia, Divina Flor, che è all'inizio della sua adolescenza. Divina Flor sa che prima o poi andrà a letto con Santiago e, quando il narratore le parla anni dopo, dice che non c'era nessun altro uomo come lui.

A nessuna delle due donne importa molto della morte di Santiago e, anche se una mendicante viene mandata ad avvertirle dei piani dei fratelli Vicario, non agiscono.

DON LÁZARO APONTE

Don Lázaro è un colonnello in pensione e sindaco del paese. Quando viene a conoscenza dei piani dei fratelli, confisca i loro coltelli e pensa di aver compiuto il suo dovere, ma loro riescono a mettere le mani su altri.

CLOTILDE ARMENTA

Clotilde Armenta è la proprietaria del negozio vicino alla casa di Santiago dove i fratelli Vicario aspettano prima di ucciderlo. Cerca di convincerli a non farlo, o almeno a farlo più tardi, e si avvale dell'aiuto di altre persone per cercare di fermare l'omicidio. Crede che i due fratelli non vogliano davvero uccidere Santiago e che vogliano che qualcun altro si assuma la responsabilità di vendicare l'onore infangato della famiglia Vicario.

IL NARRATORE

Il narratore in prima persona è amico di Santiago e Cristo e spesso esce a bere con loro. Sua madre è la madrina di Santiago. 27 anni dopo l'omicidio, non ha ancora capito esattamente cosa sia successo, così decide di tornare in città e intervistare tutti coloro che hanno assistito o sentito parlare del crimine per scrivere la sua cronaca.

GLI ALTRI CITTADINI

Altri personaggi sono citati di sfuggita, oppure hanno assistito all'omicidio di Santiago e ora raccontano al narratore quello che è successo. Gli abitanti della città assomigliano al coro delle tragedie greche, poiché forniscono un avvertimento su ciò che sta per accadere. Funzionano come una coscienza collettiva, come si vede quando Santiago, confuso, cerca di fuggire dai suoi assassini, ma tra le loro grida e i loro avvertimenti indistinti non riesce a sentire nulla.

ANALISI

FORMA

Genere

Come vedremo in questa sezione, il genere di *Cronaca di una morte annunciata* è volutamente difficile da classificare.

Una cronaca?

Il *Collins English Dictionary* definisce una cronaca come un "resoconto o registro di eventi in ordine cronologico". Dato che la novella si basa su eventi reali accaduti a Sucre, in Colombia, negli anni Cinquanta, e che cerca di raccontare la storia dell'omicidio di Santiago Nasar in ordine cronologico, potrebbe a buon diritto essere definita una cronaca. Tuttavia, un esame più attento di questa novella ingannevolmente semplice rivela che la questione è più complicata di così.

Il narratore intervista i testimoni, cita le fonti ed esamina i rapporti, per cui il suo lavoro assomiglia all'inchiesta di un giornalista. Tuttavia, a differenza di un reportage giornalistico, il testo è più di un semplice resoconto di eventi reali narrati in modo oggettivo, privo di emozioni e asettico. I personaggi non sono d'accordo nemmeno sul tempo del mattino in cui Santiago è stato ucciso: alcuni dicono che pioviginava, mentre altri sono convinti che ci fosse il sole. Questo lascia intendere che forse le cose non sono così chiare come il titolo, che descrive il libro come una cronaca, vorrebbe far credere.

Oltre alla mancanza di una storia unica e unanimemente condivisa, la cronologia del testo non aderisce alle convenzioni giornalistiche. Non c'è un inizio, una parte centrale e una fine, poiché la linea del tempo è confusa in tutto il racconto. Il narratore ha un ricordo parziale degli eventi, ma questo si mescola con i resoconti del giorno stesso, le informazioni contenute nei rapporti della polizia e i commenti dei testimoni 27 anni dopo gli eventi. La storia non è raccontata in ordine cronologico, poiché ci sono salti in avanti e indietro e frequenti ripetizioni. Inoltre, gli eventi raccontati coprono solo un'ora e mezza, dalle 5.30 del mattino, quando Santiago si sveglia, alle 7 del mattino, quando viene assassinato. Come vedremo più avanti, il testo è circolare, il che significa che, a rigore, non si tratta di una cronaca ma di una novella che utilizza la forma cronachistica per raccontare la sua storia.

 ## L'ISPIRAZIONE DIETRO LA STORIA

Cronaca di una morte annunciata è basato su eventi reali accaduti nel 1951. García Márquez l'ha sempre definita la sua opera più realistica e anche il suo unico giallo. Infatti, in una famosa intervista con Santiago Gamboa, quando a García Márquez fu chiesto perché non avesse mai scritto un romanzo poliziesco, rispose che *Cronaca di una morte annunciata* lo era.

Un giallo?

Alla luce della dichiarazione di García Márquez, possiamo dire che, in una certa misura, *Cronaca di una morte annunciata* ha tutti gli elementi di un giallo:

- un mistero (l'omicidio di Santiago Nasar);
- un criminale (in questo caso due criminali, i fratelli Vicario);
- un detective (il narratore, che conduce interviste approfondite, utilizza una serie di fonti per indagare e cerca di ricostruire l'accaduto).

Tuttavia, la novella solleva la questione di chi sia veramente colpevole: sebbene i fratelli Vicario abbiano innegabilmente commesso l'omicidio, probabilmente non sono veramente colpevoli. Nel corso del testo, ci viene data l'impressione che siano vittime di qualcosa di più grande di loro, in quanto non vogliono uccidere Santiago ma si sentono costretti a portare a termine l'omicidio. Inoltre, è implicito che tutti i testimoni (in sostanza, tutti gli abitanti della città) sono a loro modo colpevoli, poiché sapevano che l'omicidio avrebbe avuto luogo ma non hanno fatto nulla per impedirlo. Infine, e forse la cosa più importante, il mistero centrale della storia non viene mai risolto: sappiamo fin dall'inizio chi ha ucciso Santiago Nasar, ma non scopriamo mai chi ha preso la verginità di Ángela Vicario e non siamo vicini a scoprire se Santiago e Ángela sono andati a letto insieme o meno.

Un pezzo di giornalismo?

Nonostante il titolo del libro e i commenti dell'autore, *Cronaca di una morte annunciata* non è una pura cronaca o un giallo. Spinge il lettore a riflettere sulla verità e sulla difficoltà di scoprirla, ma anche sul giornalismo e sul suo obiettivo di rivelare la verità, che spesso è un compito estremamente difficile, se non impossibile. Inoltre, si tratta di letteratura e della portata della narrativa:

> "Cronaca è *semplicemente un 'romanzo', ma non un 'semplice' romanzo. Infatti, questa 'finzione' ingannevolmente semplice e vagamente basata su un evento reale è, come sosterrò, una 'metafiction', un romanzo autocosciente che usa il suo titolo per stuzzicare e sfidare il lettore fin dall'inizio a entrare in un processo investigativo di ricostruzione testuale analogo a quello portato avanti dal cronista diegetico*" (Olivares, 1987: 484).

Cronaca di una morte annunciata può quindi essere descritta come una novella giornalistica o pseudo-giornalistica, poiché utilizza elementi del giornalismo, ossia fatti reali, per costruire una narrazione fittizia che sfuma i confini tra i diversi generi. Forse è meglio definirla come una storia di fantasia che prende in prestito elementi e tecniche dal giornalismo.

Struttura

Il narratore inizia dicendoci che Santiago sta per morire, prima di spiegare come si è arrivati a questa situazione. Per questo motivo, sebbene la novella non sia divisa in capitoli, comprende cinque sezioni facilmente identificabili.

- Nella prima parte, ci viene presentato il protagonista, Santiago Nasar, e ci viene raccontata la sua vita.

- La seconda parte presenta Bayardo San Román e Ángela Vicario. Scopriamo le loro vite, le loro famiglie, come si sono conosciuti, la loro relazione, i festeggiamenti per il matrimonio, il ritorno a casa di Ángela e la sua confessione che Santiago Nasar le ha tolto la verginità.

- La terza parte descrive i fratelli Vicario, il loro lavoro, il rapporto tra loro, la loro decisione di uccidere Santiago e il modo in cui dissero a tutti quelli che incontrarono che avevano intenzione di ucciderlo.

- La quarta parte si concentra sull'autopsia e sull'atmosfera che si respirava in città all'indomani dell'omicidio, poiché si temeva una vendetta da parte della comunità araba, che però non si è mai verificata.

- Infine, la quinta parte comprende una descrizione dettagliata dell'omicidio di Santiago. Racconta come i fratelli gli diedero la caccia, lo trovarono e lo pugnalarono ripetutamente. Non morì all'istante, ma entrò in casa sua barcollando con gli organi interni che fuoriuscivano e disse che i fratelli lo avevano ucciso.

Come si vede, la struttura della novella è circolare: inizia e finisce con la morte di Santiago, mentre la parte centrale racconta tutti gli eventi e le sfortunate coincidenze che hanno portato alla tragedia.

TEMI

Un destino tragico

Il genere teatrale della tragedia si è sviluppato per la prima volta nell'antica Grecia. Presenta personaggi la cui vita è governata da un destino ineluttabile, che generalmente li porta alla distruzione o alla morte. L'esempio più noto ed esemplificativo di questo genere è l'*Edipo Re* del poeta tragico greco Sofocle (495-406 a.C.), il cui protagonista "nel tentativo di fuggire dal suo destino, si precipita a capofitto incontro ad esso" (*Enciclopedia Britannica*). Sebbene alcuni aspetti della novella non siano conformi alle regole tradizionali del genere, ci viene chiaramente mostrato che la morte di Santiago è inevitabile e che, come Edipo, non può fare nulla per sfuggire al suo destino. Anche se più persone cercano di avvertirlo, vengono inviati biglietti e quasi tutti in città sono a conoscenza dei piani dei fratelli, egli muore comunque. Fin dalla prima riga della novella, che inizia con "Il giorno in cui lo avrebbero ucciso", è chiaro al lettore che questo è il suo destino. I personaggi sembrano essere spinti ad agire da forze che sfuggono al loro controllo, e questo è ripetutamente implicito nel corso della narrazione. Ad esempio, il narratore spiega così una delle ragioni che lo hanno spinto a intraprendere l'indagine:

> "I galli dell'alba ci coglievano mentre cercavamo di dare un ordine alla catena di tanti eventi casuali che avevano reso possibile l'assurdità, ed era ovvio che non lo facevamo per la voglia di chiarire i misteri, ma perché nessuno di noi poteva continuare a vivere senza una conoscenza esatta del luogo e della missione assegnataci dal destino".

Come si vede, il narratore scrive la sua cronaca con l'obiettivo di capire il ruolo di ciascuno negli eventi di quel giorno fatale. Tuttavia, scopre che, come gli antichi dei che esercitavano il loro potere sui mortali, tutti sono spinti ad agire da forze che sfuggono al loro controllo.

Onore e vendetta

Un altro tema centrale della novella è quello dell'onore e di quanto le persone siano disposte a fare per difenderlo. Si tratta di un tema popolare durante il Secolo d'Oro spagnolo, un periodo estremamente vivace e produttivo per l'arte e la letteratura che va dalla fine del XV alla metà del XVII secolo.

Secondo il critico Méndez Ramírez (1990), García Márquez si è ispirato al teatro spagnolo del XVII secolo e ha usato la sua novella per parodiare l'ossessione del genere per l'onore. Questo tema fu probabilmente esplorato per la prima volta nella narrativa attraverso il personaggio di Don Giovanni nella commedia *L'imbroglione di Siviglia e il convitato di pietra* (1630 circa) del drammaturgo spagnolo Tirso de Molina (1579-1648), e fu poi ripreso da autori come Lope de Vega (scrittore spagnolo, 1562-1635) e esercitò un fascino duraturo sul pubblico.

Lo schema di base di queste storie è sempre lo stesso: un donnaiolo seduce un personaggio femminile, ne infanga l'onore sottraendole la verginità, e in seguito viene cacciato, perché l'onore perduto deve essere ripristinato e il crimine deve essere espiato con una punizione che renda esemplare il colpevole. Questo modo di pensare è condiviso dai fratelli Vicario e dall'intera città, poiché tutti gli abitanti utilizzano questo ragionamento per giustificare la loro inazione e molti di loro si dicono che l'onore è sacro e non può essere intaccato. Inoltre, non sono solo gli abitanti del paese a pensare che la difesa dell'onore sia un motivo valido per uccidere; questa convinzione è sostenuta dalla legge. Durante il processo ai fratelli Vicario, "l'avvocato sostenne la tesi dell'omicidio per legittima difesa dell'onore, che fu confermata dal tribunale della buona fede, e i gemelli dichiararono alla fine del processo che l'avrebbero rifatto mille volte per lo stesso motivo". Secondo questa linea di pensiero, l'onore deve essere preservato a tutti i costi, anche se ciò significa togliere la vita a un'altra persona.

La violenza

Tuttavia, *Cronaca di una morte annunciata* non è stato scritto nel XVII secolo, ma alla fine del XX secolo, quando l'idea di risolvere le dispute sull'onore in questo modo sembra nel migliore dei casi assurda e nel peggiore barbara. A parte il fatto che questo tipo di crimine potrebbe ancora accadere in una remota città costiera colombiana (a differenza della maggior parte delle sue opere, questa novella non è una storia di realismo magico), l'opera di García Márquez è una parodia: esagera e prende in giro questi codici morali obsoleti e le persone che li sostengono per dimostrare quanto siano ridicoli e quanto sia assurdo che elementi della mentalità coloniale spagnola persistano nel XX secolo. Portando questo sistema di credenze al suo estremo logico, l'autore critica la violenza della società colombiana ed esamina l'impatto duraturo del colonialismo.

Questa fissazione per l'onore è inestricabilmente legata alla società patriarcale che crede che le donne siano proprietà degli uomini e che la violenza sia l'unico modo per risolvere i problemi. *Cronaca di una morte annunciata* commenta e critica anche questi valori, che quasi mai hanno una base razionale, ma che continuano a permeare la nostra società. Alla luce di ciò, è importante discutere ciò che accade ad Ángela Vicario. Dopo l'omicidio, la sua famiglia si trasferisce in un'altra città e, quando il narratore la incontra di nuovo molti anni dopo, è cambiata: è molto più sicura di sé, sembra aver fatto i conti con il suo passato e aver smesso di vederlo come un peso, ed è in grado di raccontare la sua storia con calma. Inoltre, dopo aver capito di amare Bayardo San Román poco dopo la disfatta della loro prima notte di nozze e aver passato anni a scrivergli lettere per implorarlo di riprenderla, lui è finalmente tornato da lei. In questo modo, García Márquez aggiunge maggiore complessità e sfumature al tema dell'onore e modernizza questo concetto antico per renderlo attuale nella società colombiana contemporanea.

La ricerca della verità

La questione della ricerca della verità racchiude tutti gli altri temi e il mistero al centro della novella non viene mai risolto. Nonostante i tentativi del narratore di dare un senso alla storia – setacciando la costa alla ricerca di persone coinvolte negli eventi di quel giorno, leggendo documenti e rapporti ufficiali, parlando con Ángela anni dopo e facendole domande dirette, non scopriamo mai se lei e Santiago abbiano dormito insieme o meno.

Alla luce della difficoltà di classificare questa cosiddetta cronaca, dell'ambiguità del suo genere e dei giochi che lo scrittore fa con i suoi lettori, sarebbe giusto dire che costituisce una meditazione e una critica della nostra capacità di scoprire la verità. Inoltre, ci spinge a chiederci se la verità assoluta esista davvero e se i nostri mezzi apparentemente oggettivi per scoprirla (come il giornalismo) siano in realtà altre forme di finzione o altri modi di cercare di capire il mondo e le cose che vi accadono. Una cosa è chiara: nonostante il tentativo della narrazione di fare luce sui fatti e dare ai suoi protagonisti un po' di tranquillità, non ci riesce. Tutto ciò che possiamo fare è accettare che il mondo è pieno di eventi casuali e di coincidenze, e che a volte non possiamo spiegare tutto.

ULTERIORI RIFLESSIONI

ALCUNE DOMANDE SU CUI RIFLETTERE...

• In che modo la novella stabilisce connessioni tra letteratura e giornalismo nel corso della storia?

• In che modo la storia mescola diversi periodi di tempo? Qual è lo scopo di questa linea temporale non lineare?

• In che modo l'evento reale, avvenuto a Sucre nel 1951, influenza questa cronaca, scritta 30 anni dopo?

• Che cosa può dirci *Cronaca di una morte annunciata* sulla società colombiana, e più in particolare sulla società della regione costiera? Quali realtà riflette?

• Nella famiglia Vicario, le ragazze vengono educate a essere buone mogli e i ragazzi a essere "uomini". Discutete la rappresentazione dei personaggi maschili e femminili della novella. Quali sono le differenze principali tra loro e quali effetti ha sulla vita della città?

• Ritiene che *Cronaca di una morte annunciata* possa essere considerata un'opera femminista? Spiegate la vostra risposta.

• Il lettore sa come finirà la storia fin dall'inizio, eppure continua a leggere. Perché, secondo lei, è così? Quali tecniche utilizza García Márquez?

- Come lettore, puoi fidarti del narratore, visto che era amico di Santiago e non credeva che fosse andato a letto con Ángela?

- Nomi come Ángela (legato ad "angelo") e Vicario (dalla parola spagnola per curatela o giudice ecclesiastico) non sembrano essere stati scelti a caso. Quale pensate sia il significato di queste scelte? Riuscite a trovare altri esempi di nomi significativi?

ULTERIORI LETTURE

EDIZIONE DI RIFERIMENTO

García Márquez, G. (2014) *Cronaca di una morte annunciata*. Trans. Rabassa, G. Londra: Penguin.

STUDI DI RIFERIMENTO

Gamboa, S (1981) *Prologo a* Crónica de una muerte anunciada *di Gabriel García Márquez*. Madrid: Biblioteca El Mundo.

Méndez Ramírez, H. (1990) La reinterpretazione parodica del código de honor in *Crónica de una muerte anunciada. Hispania.* 73(4).

Olivares, J. (1987) La *"Crónica de una muerte anunciada"* di García Márquez come metafiction. *Letteratura contemporanea.* 28(4), pp. 483-492.

LETTURA CONSIGLIATA

Martin, G. (2012) *Introduzione a Gabriel García Márquez*. Cambridge: Cambridge University Press. Capitolo 6.

Swanson, P. ed. (2010) *The Cambridge Companion to Gabriel García Márquez*. Cambridge: Cambridge University Press.

Vogliamo sapere da voi!
Lasciate un commento sulla vostra biblioteca online
e condividete i vostri libri preferiti sui social media!

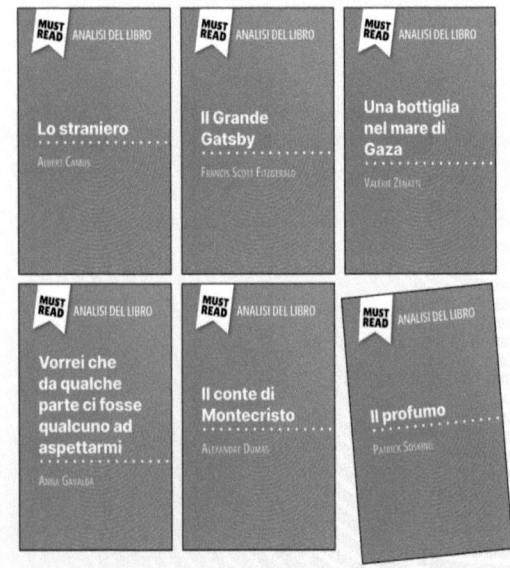

www.50minutes.com

Master ISBN: 9782808690935
ISBN cartaceo: 9782808612333
Deposito legale: D/2023/12603/1513

Copertura: © Primento

Concezione digitale a cura di Primento, il partner digitale degli editori.